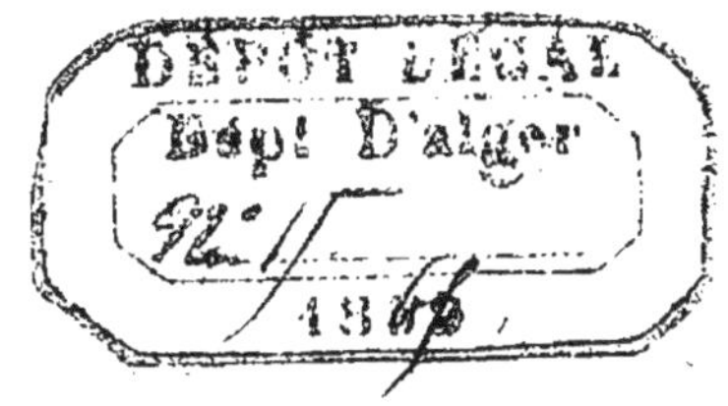

ITINÉRAIRES

DES

ROUTES DE L'ALGÉRIE

ALGER.

ORAN. — CONSTANTINE.

ITINÉRAIRES

DES

ROUTES DE L'ALGÉRIE

AVEC L'INDICATION

DES ÉTAPES, GRAND'HALTES, CARAVANSÉRAILS

ET DES RESSOURCES

EN VIVRES, EAU, BOIS, FOURRAGE, ETC.

PUBLIÉS

D'APRÈS LES DOCUMENTS OFFICIELS

―――

PROVINCE D'ALGER

―――

ALGER

LIBRAIRIE BASTIDE, ÉDITEUR

PLACE DU GOUVERNEMENT

―

1865

ABRÉVIATIONS ET SIGNES CONVENTIONNELS.

*   Caravansérail.

E.   Eau.

B.   Bois.

Br. Broussailles.

F.   Fourrage (diss ou halfa).

A.   Localités où les vivres sont assurés par l'Administration.

Les personnes qui auraient quelques erreurs à signaler, sont priées de s'adresser à M. BASTIDE, Libraire à Alger.

ITINÉRAIRES

DES

ROUTES DE L'ALGÉRIE

ITINÉRAIRE N° 1.

D'ALGER A LAGHOUAT, 440ᵏ5, et 447 k. PAR BOGHAR.

	Kilom.	
D'Alger à Douéra.	23	A.
De Douéra à Blidah.	25	A.
De Blidah au Camp des Chênes.	22	E. B.
Grand'halte au Ruisseau des Singes. .	12	E. B.
Du Camp des Chênes à Médéah.	22	A.
Grand'halte au pied du Nador. . . .		E. B.
De Médéah à Berouaguïa.	31	E. B.
Grand'halte à Ben Chikao. *. . . .	12	A.
De Berouaguïa à Aïn Moudjerar.	24	E. B.
Grand'halte à Aïn Maklouf.	12	E. B.
D'Aïn Moudjerar à Boghari.	21	A.
Id. à Boghar, par la traverse. . .	28	
Id. à Boghar, par la grande route.	29	
Grand'halte à l'Oued Bouktena. . . .	12	E. B.
De Boghari à Boughzoul. *.	22	E. B.
Grand'halte à Aïn Sba.	11	E. B.
De Boughzoul à Aïn Oussera.*.	37	E. B.
Grand'halte à El-Khachen (R'dir). . .	17	

D'Aïn Oussera à Guelt-Stel.*. . . . . . . 40 E. B. F.
    Grand'halte à Bou Cedraïa. . . . . 19 E. F.
De Guelt-Stel au Rocher de Sel. . . . . 40 E. B. F.
    Grand'halte à El-Mesran (R'dir). . . 26 E. B.
Du Rocher de Sel à Djelfa. *. . . . . . 27 A.
    Grand'halte à Aïn Ouerrou. . . . . 16 E. B.
De Djelfa à Aïn el-Bel.*. . . . . 38,5 A.
    Grand'halte à l'Oued Sedeur. . . . . 23 E. B.
D'Aïn el-Bel à Sidi Maklouf. *. . . . . 35,5 A.
    Grand'halte à Mokta el-Oust. . . . . 20 E. B.
De Sidi Maklouf à Laghouat. . . . . . 42,5 A.
    Grand'halte à Metili. . . . . 25 E. B.

ITINÉRAIRE N° 2.

D'ALGER A ORLÉANSVILLE, 229 k. PAR BOURKIKA.

Kilom.

D'Alger à Blidah (Voir l'itinéraire n° 1). . 48 A.
De Blidah à Ameur el-Aïn. . . . . . . 24 E. B.
    Grand'halte à Mouzaïaville. . . . . 11 E.
D'Ameur el-Aïn au Ravin des Voleurs. . . 22 E. B. F.
    Grand'halte au Col des Guêtres. . . 12
Du Ravin des Voleurs à Vesoul-Benian. . 12 E. Br.
De Vesoul-Benian à Milianah. . . . . . 26 A.
    Grand'halte à la Maison Massias. . . 11 E. Br.
De Milianah au Pont du Cheliff. . . . . 22 E. Br. F.
    Grand'halte à Lavarande. . . . . . 8 E. Br.
Du Pont du Cheliff à l'Oued Rouïna. . . 25 E. Br.
    Grand'halte à Dir Dnia. . . . . . . 11 E. Br.
De l'Oued Rouïna à l'Oued Fodda. . . . 24 E. B. F.
    Grand'halte à Bir Safsaf. . . . . . 15 E. Br.
De l'Oued Fodda à Orléansville. . . . . 24 A.
    Grand'halte à l'Oued Chembet. . . . 12 E. Br.

ITINÉRAIRE N° 3.

D'ALGER A ORLÉANSVILLE, 220 k. PAR L'OUED DJER.

	Kilom.	
D'Alger à Blidah (Voir l'itinéraire n° 1). .	48	
De Blidah au Bou Roumi..	16	E. Br.
Grand'halte au village de la Chiffa. .	8	E.
Du Bou Roumi à Bou Medfa.	26	E. Br.
Grand'halte à l'Oued Tartouada. . .	12	
De Bou Medfa à Milianah.	35	A.
Grand'halte à Vesoul-Benian. . . .	11	
De Milianah à Orléansville (V. l'itin. n° 2).	95	

ITINÉRAIRE N° 4.

D'ALGER A AUMALE, 128 k.

	Kilom.	
D'Alger à la Maison-Carrée.	12	E. Br.
De la Maison-Carrée à Melab el-Kora. . .	34	E. Br.
Grand'halte à l'Arba.	22	A.
De Melab el-Kora à Tablat.	28	A.
Grand'halte à Mouïab el-Berd. . . .	13	E.
De Tablat à El-Bethoum (Les Frênes). . .	26	E. B.
Grand'halte au moulin de Si Allèle. .	11	E. B.
D'El-Bethoum à Aumale.	28	A.
Grand'halte, en allant à Aumale, aux Trembles.	16	E.
Id. en venant d'Aumale, à Bir Rebalou.	16	E.

ITINÉRAIRE N° 5.

D'ALGER A DELLYS, 109 k.

	Kilom.	
D'Alger à la Maison-Carrée.	12	E. Br.
De la Maison-Carrée à l'Alma.	25	A.
Grand'halte à Rouiba.	15	E.

De l'Alma aux Issers.*. . . . . 28 A.
   Grand'halte au Col des Beni Aïcha. . 15 E. Br.
Des Issers à Kouanin.. . . . . 21 E. Br.
   Grand'halte à Azib Zamoun.*. . . . . 15 A.
De Kouanin à Dellys.. . . . . 21 A.
   Grand'halte à Ben N'Choud. . . . . . 12 E.

ITINÉRAIRE N° 6.

D'ALGER AU FORT-NAPOLÉON, 131 k.

Kilom.

D'Alger aux Issers (Voir itinéraire n° 5).. 65 A.
Des Issers au Camp du Maréchal. . . . . 21 E. Br.
   Grand'halte au 78e kil. . . . . . . E.
Du Camp du Maréchal à Tizi Ouzou. . . 18 A.
   Grand'halte à l'Oued Boukdoura. . . 10 E.
De Tizi Ouzou au Fort-Napoléon. . . . . 27 A.
   G'halte, en montant, à Sikh ou Meddour 8 E. Br.
   Id.   en descendant, à Taksebt. . 14 E. Br.

ITINÉRAIRE N° 7.

D'ALGER A DRA EL-MIZAN, 102 k. PAR LES ISSERS.

Kilom.

D'Alger aux Issers (Voir l'itin. n° 6).*. . 65 A.
Des Issers à Tamdikt. . . . . 20 E. Br.
   Grand'halte au Figuier. . . . . . . 10 E.
De Tamdikt à Drá el-Mizan. . . . . . . 17 A.
   Grand'halte à l'Oued el-Meurz.. . . 8 E.

ITINÉRAIRE N° 8.

D'ALGER A DRA EL-MIZAN, 97 k. PAR LE FONDOUK.

Kilom.

D'Alger à la Maison-Carrée. 12
De la Maison-Carrée au Fondouk. . . . 21 A.
   Grand'halte à Hamidi.. . . . . . . 13 E.

Du Fondouk à Tameda............. 21 E. Br.
   Grand'halte à Aïn Defla......... 13 E. Br.
De Tameda à l'Arba des Beni Khalfoun.. 23 E. Br.
   Grand'halte au Pont de Benhini. . 12 E. Br.
De l'Arba des B. Khalfoun à Drâ el-Mizan. 20 A.
   Grand'halte à la Djemah Si Kahnem. 11 E. Br.

ITINÉRAIRE N° 9.

D'ALGER A CHERCHELL, 113 k.

                            Kilom.

D'Alger à Blidah (Voir l'itinéraire n° 1).. 48 A.
De Blidah à Ameur el-Aïn......... 24 E. Br.
   Grand'halte au Bou Roumi...... 16 E. Br.
D'Ameur el-Aïn au Camp du Bou Rouis.. 22 E. Br.
   Grand'halte à Marengo........ 14 E. A.
Du Camp du Bou Rouis à Cherchell... 19 A.
   Grand'halte à l'Oued el-Hachem... 10 E. Br.

ITINÉRAIRE N° 10.

D'ALGER A TENÈS, 279 k. PAR ORLÉANSVILLE.

                            Kilom.

D'Alger à Orléansville (Voir l'itin. n° 2).. 226 A.
D'Orléansville aux Heumis (3 palmiers).. 26,5 E. B.
   Grand'halte à Aïn Beïda....... 15 E. Br.
Des Heumis à Tenès........... 26,5 A.
   Grand'halte à l'Oued Anser..... 16 E. Br.

ITINÉRAIRE N° 11.

D'ALGER A TENÈS, 245 k. PAR CHERCHELL.

                            Kilom.

D'Alger à Cherchell (Voir l'itin. n° 9).. 113 A.
De Cherchell à l'Oued Messelmoum... 19 E. Br.
   Grand'halte aux Trembles..... 11 E. Br.

De l'Oued Messelmoum à l'Oued el-Melh.   19   E. Br.
    Grand'halte à si Braham el-Khrouas.   10   E. Br.
De l'Oued el-Melh à l'Oued Damous. . .   16   E. B.
    Grand'halte à l'Oued Arbil.   9
De l'Oued Damous au Bordj des Beni Haoua.   28   E. B.
    Grand'halte à l'Oued Si el-Djilali...   10   E. B.
Du Bordj des Beni Haoua au Bordj des
    Taragnia.   28
    Grand'halte à l'Oued Goussin. . . .   12
Du Bordj des Taragnia à Ténès.   22   A.
    Grand'halte à l'Oued Asmès.   9

ITINÉRAIRE N° 12.

D'ALGER TENIET-EL-HAD, 189 k.

                                        Kilom.

D'Alger à Milianah (Voir l'itin. n° 3). . . 125   A.
De Milianah à l'Oued Massin.* 35   E. Br.
    Grand'halte au puits de l'Oued Far.. 16   E. Br. D.
De l'Oued Massin à Teniet-el-Had. . . 29   A.
    Grand'halte à l'Oued Bergua. . . . 16   E. B. D.

ITINÉRAIRE N° 13.

D'ALGER A BOGHAR, PAR LA TRAVERSE 165 k.

                    PAR BOGHARI   **176 k.**

                                    Kilom.

D'Alger à Moudjerar (Voir l'itin. n° 1). . 147   E. B.
De Moudjerar à Boghar (traverse). 18   A.
De Moudjerar à Boghari. 21   A.
De Boghari à Boghar. 8   A.

ITINÉRAIRE N° 14.

D'ALGER A MÉDÉAH, 90 k.

Voir l'itinéraire n° 1.

ITINÉRAIRE N° 15.

D'ALGER A TIZI-OUZOU, 104 k.

Voir l'itinéraire n° 6.

ITINÉRAIRE N° 16.

D'ALGER AU BORDJ DES BENI MANSOUR, PAR LE PONT DE BENHINI ET BORDJ BOUIRA, 157 k.

	Kilom.			
D'Alger à l'Arba des Beni Kalfoun (itin. n° 8)	77	E.	B.	F.
De l'Arba des Beni Kalfoun à Ben Haroun.	17	E.	B.	F.
Crand'halte Aïn Oum el-Aleg. . . .	8	E.	B.	
De Ben Haroun à Bordj Bouïra.	20	E.	B.	F.
Grand'halte à Aïn Malouga.	10	E.	B.	
De Bordj Bouïra au Kef Redjala.	23	E.	B.	
Grand'halte au Souk el-Khamis. . .	11	E.	Br.	F.
Du Kef Redjala aux Beni Mansour. . . .	20	A.		
Grand'halte à l'Oued Sebka (mauvaise eau).	13	B.		

ITINÉRAIRE N° 17.

D'ALGER AU BORDJ DES BENI MANSOUR PAR AUMALE, 195 k.

	Kilom.		
D'Alger à Aumale (V. itinér. n° 4).	128	A.	
D'Aumale à el-N'hagoun.	17	E.	B.
Grand'halte à Ounser Labiod.	12	E.	

D'el-N'hagoun aux ouled Adjiba . . . . . 31 E. B.
   Grand'halte au caravan. d'el-Esnam .* 12 A.
Des Ouled Adjiba au Beni Mansour . . . 19 A.
   Grand'halte à l'Oued Sebkha (mauvaise
   eau) . . . . 11 Br.

ITINÉRAIRE N° 18.

D'ALGER A DJELFA, 336 k.

                                    Kilom.

D'Alger à Boghari (Voir l'itinéraire n° 1). 168 A.
De Boghari à Boughzoul .* . . . . . . 22 E. B.
   Grand'halte à Aïn Sba . . . . 11 E. B.
De Boughzoul à Aïn Oussera .* . . . . 37 E. B.
   Grand'halte à El-Khachen (R'dir) . . 17
D'Aïn Oussera à Guelt Stel .* . . . . . 40 E. B. F.
   Grand'halte à Bou Cedraïa . . . . 19 E. F.
De Guelt Stel au Rocher de Sel .* . . . 42 E. B. F.
   Grand'halte d'El-Mesran (R'dir) . . . 26 B.
De Rocher de Sel à Djelfa .* . . . . . 27 A.
   Grand'halte à Aïn Ouerrou . . . . . 16 E. B.

ITINÉRAIRE N° 19.

D'ALGER A QUELQUES LOCALITÉS DU SAHEL ET ENVIRONS.

                                    Kilom.

D'Alger à Sainte Amélie 29
   Baba Hassen 19
   Crescia 22
   Draria 16
   El-Achour 14
   Saint Ferdinand 23
   Fort de l'Eau 18

Guyot-ville. 17
Saint Jules. 29
Kouba. 9
Ma el-Ma. 31
Ouled Fayet.. 16
Ouled Mendil. 27
Saoula. 13
Tixéraïn. 12

ITINÉRAIRE N° 20.

DE L'ARBA A BOUFFARICK, 25 k.

	Kilom.	
De l'Arba à Bouffarick..	25	A.
Grand'halte à Chebli.	15	E.

ITINÉRAIRE N° 21.

D'AUMALE A BLIDAH, 130 k.

	Kilom.	
D'Aumale à l'Arba (Voir itinéraire n° 4).	94	A.
De l'Arba à Blidah.	36	A.
Grand'halte au camp de l'Hamis. .	12	E.
Id., en allant à Aumale, à Haouch Bahli. . . .	11	E. B.

ITINÉRAIRE N° 22.

D'AUMALE A BOGHAR, 117 k., PAR BOGHARI, 123 k.

	Kilom.	
D'Aumale à Sour Djouab.	26	E. B. F.
Grand'halte à Guelta el-Ras..	14	E. B.
De Sour Djouab à Souagui.	21	E. B.
Grand'halte à Temda..	10	E. B.

De Souagui à Souk el-Tleta........ 26 E. B.
Grand'halte à Aïn el-Madhi...... 14 E. B.
De Souk el-Tleta à Boghar (traverse).. 22 A.
Grand'halte à l'Oued Snan...... 12 E.
Par Boghari........ 28 A.
Grand'halte à l'Oued Snan...... 12 E.

ITINÉRAIRE N° 23.

D'AUMALE A MÉDÉAH, 118 k.

Kilom.

D'Aumale à Souagui (Voir l'itin. n° 22).. 47
De Souagui à l'Oued Chaïr (Si Nadji)... 20 E. B. F.
Grand'halte au pied du Dj. Goureib. 9 E. B.
De l'Oued Chaïr (Si Nadji) à Ben Chikao * 30 A.
Grand'halte à Berrouaguïa..... 18 E. B. F.
De Ben Chikao à Médéah........ 21 A.
Grand'halte à l'abreuvoir....... 9 E.

ITINÉRAIRE N° 24.

D'AUMALE A CHERCHELL, 208 k.

Kilom.

D'Aumale à Médéah (Voir itinér. n° 23).. 118 A.
De Médéah au Camp des Chênes.... 21 E. B.
Grand'halte au pied du Nador... 10 E. Br.
Du Camp des Chênes à Ameur el-Aïn.. 29 E. B.
Grand'halte au village de la Chiffa. 14 E.
D'Ameur el-Aïn à Cherchell (V. itin. n° 9.) 41 A.

ITINÉRAIRE N° 25.

D'AUMALE A DELLYS, 145 k.

Kilom.

D'Aumale à Aïn Tiziret......... 25 E. B.
Grand'halte à Ouncer Labiod... 12 E. Br.

D'Aïn Tiziret à Bordj Bouïra. 12   E. B. F.
De Bordj Bouïra à Drâ el-Mizan. 29   A.
   Grand'halte à Ben Allouan. 21   E. B.
De Drâ el-Mizan aux Issers. * (V. itin. n° 7) 37   A.
Des Issers à Dellys (Voir itinéraire n° 5) 42   A.

ITINÉRAIRE N° 26.

D'AUMALE A DRA EL-MIZAN, 66 k.

                             Kilom.
D'Aumale à Aïn Tiziret. 25   E. B.
   Grand'halte à Ouncer Labiod. . . . 12   E. B.
D'Aïn Tiziret à Bordj Bouïra. 12   E. B. F.
De Bordj Bouïra à Drâ el-Mizan. . . . 29   A.
   Grand'halte à Ben Allouan. 21   E. B.

ITINÉRAIRE N° 27.

D'AUMALE AU FORT-NAPOLÉON, 117 k.

                             Kilom.
D'Aumale à Dra el-Mizan (V. itin. n° 26). 66   A.
De Drâ el-Mizan à Aïn Sulthan. 18   E. B.
   Grand'halte à Bordj Boghni. 12   E. B. F.
D'Aïn Sulthan à l'Oued Takhourt. . . . 24   E. B. F.
   Grand'halte au Souk el-Had des Ouadia 12   E. Br.
De l'Oued Takhourt au Fort-Napoléon. . 11   A.
   Cette partie de la route monte constamment, il faut
faire reposer souvent les troupes.

ITINÉRAIRE N° 28.

D'AUMALE A MILIANAH, 184 k.

                             Kilom.
D'Aumale à Médéah (V. itinéraire 23). . 118   A.
De Médéah à Aïn Si Ali. . . . · 20   E.
   Grand'halte au Maghsen (eau très-rare)

D'Aïn Si Ali à l'Arba des Djendel.. . . 14 E. Br. F.
 Grand'halte à Amoura. . . . . . . 6 E.
De l'Arba des Djendel à Milianah. . . . 32 A.
 Grand'halte à l'Oued Sultan. . . . 13 E. Br.

ITINÉRAIRE N° 29.

D'AUMALE A ORLÉANSVILLE, 269 k.

Kilom.

D'Aumale à l'Arba des Djendel (V. itin. 28). 152 E. B. F.
De l'Arba des Djendel à Affreville . . 23 E.
 Grand'halte à Koubet el-Stillil. . . 9 E. Br.
D'Affreville au Pont du Cheliff. . . . 19 E. Br.
 Grand'halte à Lavarande.. . . . . 6 E.
Du Pont du Cheliff à Orléansville (V. itin. 2) 75 A.

ITINÉRAIRE N° 30.

D'AUMALE A TÉNÈS, 317 k.

Kilom.

D'Aumale à Orléansville (V. l'itin. n° 29). 264 A.
D'Orléansville à Ténès (Voir l'itin. n° 10). 53 A.

ITINÉRAIRE N° 31.

D'AUMALE A TENIET EL-HAD, 203 k.

Kilom.

D'Aumale à Boghar, par Boghari, (Voir
 itinéraire n° 22).. . . . . 123 A.
De Boghar à Si Bouzid.. . . . . . . 28 E. B.
 Grand'halte à l'Oued Kseub.. . . . 16 E. Br.
De Si Bouzid à Thaza. . . . . 22 E. B. F.
 Grand'halte à Ras Bouzegroun.. . . 11 E. Br.
De Thaza à Teniet el-Had.. . . . . . 30 A.
 Grand'halte à Guibout el-Aoud.. . . 10 E. Br.

ITINÉRAIRE N° 32.

DE DRA EL-MIZAN A TIZI OUZOU, 28 k.

Kilom.

De Drâ el-Mizan à Tizi Ouzou.. 28	A.
G'halte au Souk el-Khamis des Maakta. 14	E. B..

ITINÉRAIRE N° 33.

D'AUMALE A TIZI OUZOU, 94 k.

Kilom.

D'Aumale à Drâ el-Mizan (V. itin. n° 26). 66	A.
De Drâ el-Mizan à Tizi Ouzou (Voir iti-néraire n° 32).. 28	A.

ITINÉRAIRE N° 34.

DE MILIANAH A GOUDJILA (PROV. D'ORAN), 168 k.

Kilom.

De Milianah à Teniet el-Had (Voir itinéraire n° 12).. 64	A.	
De Teniet el-Had à Aïn Toukria. 32	E.	B.
Grand'halte à l'Oued Thouila. . . . 12	E.	
D'Aïn Toukria à Aïn Zilen. 28	E.	
G'.halte à Aïn Beïda (Ras Tasmaïn).. 16	E.	
D'Aïn Zilen à Dar Ben Ghorra (pr. d'Oran). 22		
Grand'halte à l'Oued Mecheti (pas toujours d'eau). 10		
De Dar Ben Ghorra à Goudjila (pr. d'Oran). 22	E.	B.

ITINÉRAIRE N° 35.

DE TENIET EL-HAD A TAGUIN, 144 k.

Kilom.

De Teniet el-Had à Aïn Toukria. 32	E. Br.
Grand'halte à l'Oued Thouila. . . . 12	E.

D'Aïn Toukria à Aïn Fafsa. 12   E.
D'Aïn Fafsa à Smir. 40   E.
   Grand'halte à l'Oued Fedoul. 18   E.
De Smir à Chellala. 20   E. Br.
De Chellala à Taguin. 40   E. Br.
   Grand'halte à l'Oued Berraous (pas
   d'eau souvent). 18

ITINÉRAIRE N° 36.

DE TENIET EL-HAD A TAGUIN, 146 k. PAR Aïn Fedoul.

Kilom.

De Teniet el-Had à Momta Rmel. 38   E. Br.
De Momta Rmel à Aïn Fedoul. 22   E.
D'Aïn Fedoul à Smir. 26   E.
De Smir à Taguin (Voir itinér. n° 35). . . 60   E. B. F.

ITINÉRAIRE N° 37.

DE TENIET EL-HAD A AIN TASSELEMT, 95 k.

Kilom.

De Teniet el-Had à Aïn Toukria. 32   E. Br.
D'Aïn Toukria à Aïn Sfa. 10   E.
D'Aïn Sfa à Aïn Tesemsil. 8   E. B.
D'Aïn Tesemsil à Aïn Garden. 25   E.
D'Aïn Garden à Aïn Tasselemt. 20   E. Br.

ITINÉRAIRE N° 38.

DE TAGUIN A EL-BEIDA, 73 k. PAR LA DAYA BADJELA

Kilom.

De Taguin à la Daya Badjela (parcours
   sans eau). 30   E. B.
De la Daya Badjela à El-Beïda (parcours
   sans eau) 43   E.

ITINÉRAIRE N° 39.

DE TAGUIN A EL-BEIDA, 48 k. PAR MKRAOULA.

	Kilom.	
De Taguin à Mkraoula.	24	
De Mkraoula à El-Beïda.	24	E.

ITINÉRAIRE N° 40.

DE TAGUIN A ZENINA, 55 k.

	Kilom.		
De Taguin à la Daya Redjala (sans eau). .	30	E.	Br.
De la Daya Redjala à Zenina. Id.. . . .	25	E.	Br.

ITINÉRAIRE N° 41.

DE TAGUIN A DJELFA, 120 k. PAR CHAREF.

	Kilom.		
De Taguin à Hamia el-R'arbi.	38	E.	
D'Hamia el-R'arbi à Charef.	31	E.	
De Charef à Bab Aïn Messaoud..	28	E.	B.
De Bab Aïn Messaoud à Djelfa.	23	A.	

ITINÉRAIRE N° 42.

DE CHELLALA A DJELFA, 142 k. PAR KBOUI.

	Kilom.		
De Chellala à Aïn Zerguin.	23	E.	B.
d'Aïn Zerguin à Kboui.	21	E.	Br.
De Kboui aux Ouled Si Aïssa el-Adeb (point sans eau).	16		
Des Ouled Si Aïssa el-Adeb à Aïn Malakoff.	31	E.	
D'Aïn Malakoff au Rocher de Sel.. . . .	24	E.	B.
Du Rocher de Sel à Djelfa.	27	A.	

ITINÉRAIRE N° 43.

DU BORDJ DE L'OUARENCENIS A TAGUIN, 194 k.

Kilom.

Du Bordj de l'Ouarencenis chez le Caïd Bouzar.	24	E. B. F.
De chez le Caïd Bouzar à Djenan Chergui.	28	
De Djenan Chergui à Aïn Toukria. . . .	10	E.
D'Aïn Toukria à Taguin (V. itin. n° 35)..	112	

ITINÉRAIRE N° 44.

DE ZENINA A LAGHOUAT, 119 k. 5.

Kilom.

De Zenina à l'Oued F'kirin.	29	E.
De l'Oued F'kirin à Tamedit..	24	E.
De Tamedit à Sidi Maklouf.	24	A.
De Sidi Maklouf à Laghouat.	42,5	A.

ITINÉRAIRE N° 45.

DE LAGHOUAT A EL-MAIA, 107 k. PAR AÏN MADHY.

Kilom.

De Laghouat à Tadjemount.	34	E. B. F.
De Tadjemount à Aïn Madhy.	22	E. F.
D'Aïn Madhy à Tadjerouna.	36	E. B. F.
De Tadjerouna à El-Maïa..	15	E. B. F.

ITINÉRAIRE N° 46.

DE LAGHOUAT A EL-MAIA, 96 k. PAR EL-AOUETA.

Kilom.

De Laghouat à Aïn Rechègue.	22	E. B. F.
D'Aïn Rechègue à El-Aóuëta.	23	E. F.
D'El-Aouëta á Tadjerouna..	36	E. B. F.
De Tadjerouna à El-Maïa.	15	E. B. F.

ITINÉRAIRE N° 47.

D'ALGER A KOLÉAH, 39 k.

	Kilom.
D'Alger à El-Biar.	6
D'El-Biar à Cheragas.	6
De Cheragas à Staouëli.	6
De Staouëli à Zeralda.	8
De Zeralda á Daouada.	7
De Daouada à Koléah.	6

Cette distance se fait presque toujours en une seule étape. On trouve de l'eau sur la route.

ITINÉRAIRE N° 48.

D'AUMALE A DJELFA, 259 k.

	Kilom.	
D'Aumale à Boghari (Voir l'itin. n° 22). .	93	A.
De Boghari à Djelfa (Voir l'itin. n° 1). .	166	A.

ITINÉRAIRE N° 49.

D'AUMALE A LAGHOUAT, 375,5 k.

	Kilom.	
D'Aumale à Djelfa (Voir l'itin. n° 48). . .	259	A.
De Djelfa à Laghouat (Voir l'itin. n° 1). .	116	A.

ITINÉRAIRE N° 50.

DE BLIDAH A BOGHAR, 127 k.

	Kilom.	
De Blidah à Boghar (Voir l'itin. n° 1). .	127	A.

ITINÉRAIRE N° 51.

DE BLIDAH A CHERCHELL, 65 k.

Kilom.

De Blidah à Cherchell (Voir l'itin. n° 9). 65 A.

ITINÉRAIRE N° 52.

DE BLIDAH A DELLYS, 157 k.

Kilom.

De Blidah à Alger (Voir l'itin. n° 1). . .   48 A.
D'Alger à Dellys (Voir l'itin. n° 5). . . . 109 A.

ITINÉRAIRE N° 53.

DE BLIDAH A DJELFA, 285 k.

Kilom.

De Blidah à Djelfa (Voir l'itin. n° 1). . . 285 A.

ITINÉRAIRE N° 54.

DE BLIDAH A DRA EL-MIZAN, 115 k. PAR LE PIED DE L'ATLAS.

Kilom.

De Blidah au Camp de l'Harrach. . . .   22 E. B.
    Grand'halte à Haouch Bahli. . . .   10 E.
Du Camp de l'Harrach au Fondouck. . .   29 A.
    Grand'halte à l'Arba. . . . .   10 A.
Du Fondouk à Drâ el-Mizan (V. itin. n° 8).   64 A.

ITINÉRAIRE N° 55.

DE BLIDAH AU FORT-NAPOLÉON, 157 k.

Kilom.

De Blidah au Fondouk (Voir l'itin. n° 54).   51 A.
Du Fondouk à l'Alma (Boudouaou). . .   12 A.
Du Boudouaou au Fort-Napoléon (Voir
    itinéraires 5 et 6). . . . .   94 A.

ITINÉRAIRE N° 56.

DE BLIDAH A KOLÉAH, 21 k.

Kilom.

De Blidah à Koléah. . . . . 21 A.
Grand'halte à l'Oued el-Alleg. . . . 10 E. B.

ITINÉRAIRE N° 57.

DE BLIDAH A ORLÉANSVILLE, 181 k.

Kilom.

De Blidah à Orléansville (Voir itin. n° 2). 181 A.

ITINÉRAIRE N° 58.

DE BLIDAH A TENÈS, 231 k. PAR ORLÉANSVILLE.

Kilom.

De Blidah à Orléansville (Voir itin. n° 2). 178 A.
D'Orléansville à Tenès (voir itin. n° 10). . 53 A.

ITINÉRAIRE N° 59.

DE BLIDAH A TENIET EL-HAD, 141 k.

Kilom.

De Blidah à Milianah (Voir itin. n° 3).. . 77 A.
De Milianah à Teniet el-Had (V. itin. n° 12). 64 A.

ITINÉRAIRE N° 60.

DE BLIDAH A TIZI OUZOU, 130 k.

Kilom.

De Blidah à l'Alma (Voir itin. n° 55). . . 63 A.
De l'Alma à Tizi Ouzou (Voir itin. n°). 67 A.

ITINÉRAIRE N° 61.

DE BOGHAR A CHERCHELL, 173 k.

	Kilom.	
De Boghar à Médéah (Itin. n° 1).	83	A.
De Médéah à Cherchell (Itin. n° 24). . .	90	A.

ITINÉRAIRE N° 62.

DE BOGHAR A DELLYS, 262 k.

	Kilom.	
De Boghar à Aumale (Voir itin. n° 22). .	117	A.
D'Aumale à Dellys (Voir itin. n° 25). . .	145	A.

ITINÉRAIRE N° 63.

DE BOGHAR AU FORT-NAPOLÉON, 234 k.

	Kilom.	
De Boghar à Aumale (Voir itin. n° 22). .	117	A.
D'Aumale au Fort-Napoléon (V. itin. n° 27).	117	A.

ITINÉRAIRE N° 64.

DE BOGHAR A TIZI OUZOU, 211 k.

	Kilom.	
De Boghar à Aumale (Voir itin. n° 22). .	117	A.
D'Aumale à Drâ el-Mizan (Voir itin. n° 26).	66	
De Drâ el-Mizan à Tizi Ouzou (V. itin. n° 38).	28	

ITINÉRAIRE N° 65.

DE BOGHAR A MILIANAH, 98 k.

	Kilom.		
De Boghar à Sidi Madjoub.	38	E.	B.
Grand'halte à Aïn Amra.	14	E.	B.

De Sidi Madjoub à l'Arba des Djendel. . 28 E. B.
    Grand'halte à Dar Kouider. . . . . 10 E. B.
De l'Arba des Djendel à Milianah. . . . 32 A.
    Grand'halte à Koubet el-Hillil. . . 12 E. Br.

ITINÉRAIRE N° 66.

DE BOGHAR A ORLÉANSVILLE, 183 k.

Kilom.

De Boghar à l'Arba des Djendel (V. itin. n° 65) 66 E. B.
De l'Arba des Djendel à Orléansville (Voir
    itinéraire n° 29). . . . . 117 A.

ITINÉRAIRE N° 67.

DE BOGHAR A TENÈS, 236 k.

Kilom.

De Boghar à Orléansville (Voir itin. n° 66). 183 A.
D'Orléansville à Tenès (Voir itin. n° 10). 53 A.

ITINÉRAIRE N° 68.

DE BOGHAR A TENIET EL-HAD, 80 k.

Kilom.

De Boghar à Teniet el-Had (Voir itin. n° 31). 80 A.

ITINÉRAIRE N° 69.

DE CHERCHELL A DJELFA, 339 k.

Kilom.

De Cherchell à Boghar (Voir itin. n° 61). 173 A.
De Boghar à Djelfa (Voir itin. n° 1). . . 166 A.

ITINÉRAIRE N° 70.

DE CHERCHELL A DELLYS, 222 k.

Kilom.

D'Alger à Cherchell (Voir itinéraire n° 9). 113 A.
D'Alger à Dellys (Voir itinéraire n° 5). 109 A.

ITINÉRAIRE N° 71.

DE CHERCHELL A DRA EL-MIZAN, 215 k. ou 210 k.
PAR LE FONDOUK.

Kilom.

De Cherchell à Alger (Voir itinéraire n° 9) 113 A.
D'Alger à Drâ el-Mizan par les Issers (Voir
    itinéraire n° 7). . . . . 102 A.
    Id.   par le Fondouk (V. itin. n° 8). 97 A.

ITINÉRAIRE N° 72.

DE CHERCHELL AU FORT-NAPOLÉON, 244 k.

Kilom.

De Cherchell à Alger (Voir itinér. n° 9). 113 A.
D'Alger au Fort-Napoléon (V. itin. n° 6). 131 A.

ITINÉRAIRE N° 73.

DE CHERCHELL A LAGHOUAT, 454 k.

Kilom.

De Cherchell à Djelfa (V. itinéraire n° 69). 339 A.
De Djelfa à Laghouat (V. itinéraire n° 1). 115 A.

ITINÉRAIRE N° 74.

DE CHERCHELL A MÉDÉAH, 90 k.

Kilom.

De Cherchell à Médéah (V. itinér n° 24).. 90 A.

ITINÉRAIRE N° 75.

DE CHERCHELL A MILIANAH, 67 k.

	Kilom.	
De Cherchell à Sidi Charef	19	E. B.
Grand'halte à Aïn Affaim	11	E. B.
De Sidi Charef à Tigratin	24	E. B.
Grand'halte à Aïn Azaïn	10	E. B.
De Tigratin à Milianah	24	A.
Grand'halte à Ras Oued el-Hammam	12	

ITINÉRAIRE N° 76.

DE CHERCHELL A ORLÉANSVILLE, 162 k.

	Kilom.	
De Cherchell à Milianah (V. itinér. n° 75)	67	A.
De Milianah à Orléansville (V. itin. n° 2)	95	A.

ITINÉRAIRE N° 77.

DE CHERCHELL A TENÈS, 132 k.

	Kilom.	
De Cherchell à Tenès (V. itinéraire n° 11)	132	A.

ITINÉRAIRE N° 78.

DE CHERCHELL A TENIET EL-HAD, 131 k.

	Kilom.	
De Cherchell à Milianah (V. itinér. n° 75)	67	A.
De Milianah à Teniet el-Had (V. itin. n° 12)	64	A.

ITINÉRAIRE N° 79.

DE CHERCHELL A TIZI OUZOU, 217 k.

	Kilom.	
De Cherchell à Alger (V. itinéraire n° 9)	113	
D'Alger à Tizi Ouzou (V. itinéraire n° 15)	104	

ITINÉRAIRE N° 80.

DE DELLYS A DJELFA, 428 k.

Kilom.

De Dellys à Boghar (V. itinéraire n° 62). 262 A.
De Boghar à Djelfa (V. itinéraire n° 1).. 166 A.

ITINÉRAIRE N° 81.

DE DELLYS A DRA EL-MIZAN, 75 k.

Kilom.

De Dellys à Kouanin............. 21 E. Br.
    Grand'halte à Ben N'choud...... 10 E. Br.
De Kouanin à Tizi Ouzou......... 26 A.
    Grand'halte au camp du Maréchal. .   9 E.
De Tizi Ouzou à Drâ el-Mizan (Voir itiné-
raire n° 32)................... 28 A.

ITINÉRAIRE N° 82.

DE DELLYS AU FORT-NAPOLÉON, 74 k.

Kilom.

De Dellys à Tizi Ouzou (Voir itin. n° 81). 47 A.
De Tizi Ouzou au Fort-Napoléon (Voir
itinéraire n° 6)............... 27 A.

ITINÉRAIRE N° 83.

DE DELLYS A MÉDÉAH, 201 k.

Kilom.

De Dellys à Alger (Voir itin. n° 5)..... 109 A.
D'Alger à Médéah (Voir itin. n° 1).... 92 A.

ITINÉRAIRE N° 84.

DE DELLYS A LAGHOUAT, 559 k.

Kilom.

De Dellys à Médéah (Voir itin. n° 83). . . 201 A.
De Médéah à Laghouat (V. itin. n° 1). . . 358

ITINÉRAIRE N° 85.

DE DELLYS A MILIANAH, 234 k.

Kilom.

De Dellys à Alger (Voir itinéraire n° 5). . 109 A.
D'Alger à Milianah, par l'Oued Djer (Voir
   itinéraire n° 3). . . . . 125 A.

ITINÉRAIRE N° 86.

DE DELLYS A ORLÉANSVILLE, 329 k.

Kilom.

De Dellys à Alger (Voir itinéraire n° 5). . 109 A.
D'Alger à Orléansville (Voir itinér. n° 3). 220 A.

ITINÉRAIRE N° 87.

DE DELLYS A TENÈS, 388 k.

Kilom.

De Dellys à Alger (Voir itinéraire n° 5). . 109 A.
D'Alger à Tenès (par Orléansville). . . . . 279 A.

ITINÉRAIRE N° 88.

DE DELLYS A TENIET EL-HAD, 298 k.

Kilom.

De Dellys à Alger (Voir itinéraire n° 5). . 109
D'Alger à Teniet el-Had (Voir itin. n° 12. 189

ITINÉRAIRE N° 89.

DE DELLYS A TIZI OUZOU, 47 k.

Kilom.

De Dellys à Tizi Ouzou (Voir itin. n° 81).   47   A.

ITINÉRAIRE N° 90.

DE DJELFA A DRA EL-MIZAN, 349 k.

Kilom.

De Djelfa à Boghar (Voir itinéraire n° 1). 166   A.
De Boghar à Aumale (Voir itinér. n° 22). 117   A.
D'Aumale à Drâ el-Mizan (Voir itin. n° 26).   66   A.

ITINÉRAIRE N° 91.

DE DJELFA AU FORT-NAPOLÉON, 283 k.

Kilom.

De Djelfa à Aumale (Voir itin. n° 1 et 22). 166   A.
D'Aumale au Fort-Napoléon (V. itin. n° 27). 117   A.

ITINÉRAIRE N° 92.

DE DJELFA A MILIANAH, 268 k. PAR LES DJENDEL.

Kilom.

De Djelfa à Médéah (Voir itin. n° 1). . .   202   A.
De Médéah à Milianah (Voir itin. n° 28).   66   A.

ITINÉRAIRE N° 93.

DE DJELFA A ORLÉANSVILLE, 353 k. PAR LES DJENDEL.

Kilom.

De Djelfa à Médéah (Voir itin. n° 1). . . 202   A.
De Médéah à Orléansville (V. itin. 28 et 29) 151   A.

ITINÉRAIRE N° 94.

DE DJELFA A TENÈS, 406 k.

Kilom.

De Djelfa à Médéah (Voir. itin. n° 1). . .	202	A.
De Médéah à Orléansville (Voir itin. 28 et 29)	151	A.
D'Orléansville à Tenès (Voir itin. n° 10).	53	A.

ITINÉRAIRE N° 95.

DE DJELFA A TENIET EL-HAD, 332 k.

Kilom.

De Djelfa à Milianah, par les Djendel (Voir itinéraire n° 92).	268	
De Milianah à Teniet el-Had (V. itin. n° 12).	64	A.

AUTRE ROUTE, 246 k.

De Djelfa à Boghar (Voir itin. n° 1). . . .	166
De Boghar à Teniet el-Had (Voir itin. n° 63)	80

ITINÉRAIRE N° 96.

DE DJELFA A TIZI OUZOU, 377 k.

Kilom.

De Djelfa à Boghar (Voir itin. n° 1).. . .	166
De Boghar à Tizi Ouzou (Voir itin. n° 64).	211

ITINÉRAIRE N° 97.

DE DRA EL-MIZAN AU FORT-NAPOLÉON, 117 k.

Kilom.

De Dra-el-Mizan au Fort-Napoléon (Voir itinéraire n° 27)	117

ITINÉRAIRE N° 98.

DE DRA EL-MIZAN A LAGHOUAT, 485 k.

Kilom.

De Drâ el-Mizan à Aumale (Voir itin. n° 26) 66 A.
D'Aumale à Boghar (Voir itin. n° 22). . . 117 A.
De Boghar à Laghouat (Voir itin. n° 1). . 302

ITINÉRAIRE N° 99.

DE DRA EL-MIZAN A MÉDÉAH, 184 k.

Kilom.

De Drâ el-Mizan à Aumale (V. itin. n° 26) 66 A.
D'Aumale à Médéah (Voir itin. n° 23). . . 118

ITINÉRAIRE N° 100.

DE DRA EL-MIZAN A MILIANAH, 250 k.

Kilom.

De Drâ el-Mizan à Aumale (Voir itin. n° 26) 66 A.
D'Aumale à Médéah (Voir itin. n° 23). . . 118 A.
De Médéah à Milianah (Voir itin. n° 28). . 66

ITINÉRAIRE N° 101.

DE DRA EL-MIZAN A ORLÉANSVILLE, 322 k. PAR LES ISSERS.

Kilom.

De Drâ el-Mizan à Alger (Voir itin. n° 7). 102
D'Alger à Orléansville (Voir itin. n° 3) par
  l'Oued Djer. 220

ITINÉRAIRE N° 102.

DE DRA EL-MIZAN A TENÈS, 381 k. PAR LES ISSERS.

Kilom.

De Drâ el-Mizan à Alger (Voir itin. n° 7). 102
D'Alger à Tenès (Voir itin. n° 10), par Orléansville. 279

ITINÉRAIRE N° 103.

DE DRA EL-MIZAN A TENIET EL-HAD, 269 k.

Kilom.

De Drâ el-Mizan à Aumale (V. itin. n° 26).   66   A.
D'Aumale à Teniet el-Had (V. itin. n° 31). 203   A.

ITINÉRAIRE N° 104.

DU FORT-NAPOLÉON A LAGHOUAT, 536 k.

Kilom.

Du Fort-Napoléon à Aumale (Voir itiné-
raire n° 27). 117   A.
D'Aumale à Boghar (Voir itinér. n° 22). . 117   A.
De Boghar à Laghouat (Voir itinér. n° 1). 302   A.

ITINÉRAIRE N° 105.

DU FORT-NAPOLÉON A MÉDÉAH, 221 k.

Kilom.

Du Fort-Napoléon à Alger (V. itin. n° 6). 131
D'Alger à Médéah (Voir itinéraire n° 14). . 90

ITINÉRAIRE N° 106.

DU FORT-NAPOLÉON A MILIANAH, 256 k.

Kilom.

Du Fort-Napoléon à Alger (V. itin. n° 6). 131   A.
D'Alger à Milianah (Voir itinér. n° 3). . 125   A.

ITINÉRAIRE N° 107.

DU FORT-NAPOLÉON A ORLÉANSVILLE, 351 k.

Kilom.

Du Fort-Napoléon à Alger (V. itin. n° 6). 131   A.
D'Alger à Orléansville, par l'Oued Djer
(Voir itinéraire n° 3). 220

ITINÉRAIRE N° 108.

DU FORT-NAPOLÉON A TENÈS, 410 k.

Kilom.

Du Fort-Napoléon à Alger (V. itin. n° 6).. 131 A.
D'Alger à Tenès, par Orléansville (Voir
   itinéraire n° 10). . . . . 279 A.

ITINÉRAIRE N° 109.

DU FORT-NAPOLÉON A TENIET EL-HAD, 320 k.

Kilom.

Du Fort-Napoléon à Alger (V. itin. n° 6). 131
D'Alger à Teniet el-Had (Voir itin. n° 12). 189

ITINÉRAIRE N° 110.

DU FORT-NAPOLÉON A TIZI OUZOU, 27 k.

Kilom.

Du Fort-Napoléon à Tizi Ouzou (Voir
   itinéraire n° 6). . . . . 27 A.

ITINÉRAIRE N° 111.

DE LAGHOUAT A MÉDÉAH, 358 k.

Kilom.

De Laghouat à Médéah (Voir itin. n° 1). . 358 A.

ITINÉRAIRE N° 112.

DE LAGHOUAT A MILIANAH, 424 k.

Kilom.

De Laghouat à Médéah (Voir itin. n° 1). . 358 A.
De Médéah à Milianah, par les Djendel
   (Voir itinéraire n° 28). . . . . 66 A.

ITINÉRAIRE N° 113.

DE LAGHOUAT A ORLÉANSVILLE, 485 k.

Kilom.

De Laghouat à Boghar (Voir itin. n° 1).. 382 A.
De Boghar à Orléansville (V. itin. n° 66). 183 A.

ITINÉRAIRE N° 114.

DE LAGHOUAT A TENÈS, 538 k.

Kilm.

De Laghouat à Orléansville (V. itin. 113). 485 A.
D'Orléansville à Tenès (Voir itin. n° 10).. 53 A.

ITINÉRAIRE N° 115.

DE LAGHOUAT A TENIET EL-HAD, 382 k.

Kilom.

De Laghouat à Boghar (Voir itin. n° 1). . 302 A.
De Boghar à Teniet el-Had (Voir itin. n° 31) 80 A.

ITINÉRAIRE N° 116.

DE LAGHOUAT A TIZI OUZOU, 513 k.

Kilom.

De Laghouat à Boghar (Voir itin. n° 1). . 302 A.
De Boghar à Tizi Ouzou (Voir itin. n° 64) . 211 A.

ITINÉRAIRE N° 117.

DE MÉDÉAH A EL-BIRIN, 106 k.

Kilom.

De Médéah à Berouaguïa. . . . . 31 E. B.
Grand'halte à Ben Chikao.* . . . . . 12 E.

De Berrouaguïa à Aïn el-Madhi.   18   E. B.
   Grand'halte à l'Oued Drâ el-Ahmar. .   10   E. B. E.
D'Aïn el-Madhi à Harmela.   16   E.
   Grand'halte à
D'Harmela à el-Gheurbi.   18   E.
   Grand'halte à Aïn el-Beurda. . . .   11   E.
D'el-Gheurbi à el-Birin.   22   E. Br.
   Grand'halte à l'Oued ben Laor (sans
   eau l'été).   11

ITINÉRAIRE N° 118.

DE MÉDÉAH A MILIANAH, 66 k. PAR LES DJENDEL.

Kilom.

De Médéah à Milianah (Voir itin. n° 28). .   66

ITINÉRAIRE N° 119.

DE MÉDÉAH A ORLÉANSVILLE, 161 k.

Kilom.

De Médéah à Milianah par les Djendel (Voir
  itinéraire 28).   66   A.
De Milianah à Orléansville (Voir itin. n° 2)   95   A.

ITINÉRAIRE N° 120.

DE MÉDÉAH A TÉNÈS, 214 k.

Kilom.

De Médéah à Milianah (Voir itin. n° 28)
  par les Djendel.   66   A.
De Milianah à Orléansville (V. itin. n° 2)   95   A.
D'Orléansville à Ténès (V. itinéraire n° 10)   53   A.

ITINÉRAIRE N° 121.

DE MILIANAH A TENIET EL-HAD, 130 k.

	Kilom.	
De Médéah à Milianah (Voir itin. n° 28)..	66	A.
De Milianah à Teniet el-Had (V. itin. n° 12)	64	A.

ITINÉRAIRE N° 122.

DE MÉDÉAH A TIZI OUZOU, 194 k.

	Kilom.	
De Médéah à Alger (Voir itin. n° 14). . .	90	
D'Alger à Tizi-Ouzou (Voir itin. n° 6). . .	104	

ITINÉRAIRE N° 123.

DE MILIANAH A ORLÉANSVILLE, 95 k.

	Kilom.	
De Milianah à Orléansville (Voir itin. n° 2)	95	A.

ITINÉRAIRE N° 124.

DE MILIANAH A TENÈS, 148 k.

	Kilom.	
De Milianah à Orléansville (Voir itin. n° 2)	95	A.
D'Orléansville à Tenès (Voir itin. n° 10).	53	A.

ITINÉRAIRE N° 125.

DE MILIANAH A TENIET EL-HAD, 64 k.

	Kilom.	
De Milianah à Teniet el-Had (V. itin. n° 12)	64	A.

ITINÉRAIRE N° 126.

DE MILIANAH A TIZI OUZOU, 229 k.

Kilom.

De Milianah à Alger (Voir itinéraire n° 3). 125   A.
D'Alger à Tizi Ouzou (Voir itinér. n° 6). . 104   A.

ITINÉRAIRE N° 127.

D'ORLÉANSVILLE A TENÈS, 53 k.

Kilom.

D'Orléansville à Tenès (Voir itinér. n° 10). 53   A.

ITINÉRAIRE N° 128.

D'ORLÉANSVILLE A TENIET EL-HAD, 147 k.

Kilom.

D'Orléansville au Pont du Cheliff (Voir
  itinéraire n° 2). 73   E. B.
Du Pont du Cheliff à Affreville. 19   A.
  Grand'halte à Lavarande. 12   A.
D'Affreville à l'Oued Massin.*. 26   A.
  Grand'halte au puits de l'Oued Far.   7   E. Br.
De l'Oued Massin à Teniet el-Had. . . . 29   A.
  Grand'halte à l'Oued Rergua.. . . . 16   E. B. F.

ITINÉRAIRE N° 129.

D'ORLÉANSVILLE A TIZI OUZOU, 333 k.

Kilom.

D'Orléansville à Alger (Voir itinér. n° 2).. 229   A.
D'Alger à Tizi Ouzou (Voir itinér. n° 6).. 104

ITINÉRAIRE N° 130.

DE TENÈS A TENIET EL-HAD, 200 k.

	Kilom.	
De Ténès à Orléansville (V. itinér. n° 10).	53	A.
D'Orléansville à Teniet el-Had (Voir itinéraire n° 128)	147	A.

ITINÉRAIRE N° 131.

DE TENÈS A TIZI OUZOU, 383 k.

	Kilom.	
D'Alger à Tenès par Orléansville (Voir itinéraire n° 10).	279	A.
D'Alger à Tizi Ouzou (Voir itinér. n° 6). .	104	A.

ITINÉRAIRE N° 132.

DE TENIET EL-HAD A TIZI OUZOU, 293 k.

	Kilom.	
De Teniet el-Had à Alger (V. itin. n° 12). .	189	A.
D'Alger à Tizi Ouzou (Voir itinér. n° 6). .	104	A.

ITINÉRAIRE N° 133.

D'AUMALE A BOUSAADA, PROV. DE CONSTANTINE, 123 k.

	Kilom.	
D'Aumale à Sidi Aïssa.*	35	E. B. F.
Grand'halte à Rouabi	20	E. B.
De Sidi Aïssa à Tobia	27	E. Br.
Grand'halte à l'Oued Djennan	11	E.
De Tobia à Aïn Kerman	32	E. Br.
Grand'halte à Aïn Guersa	15	E. Br.
D'Aïn Kerman à Bousáada	29	A.
Grand'halte au puïts de Si Brahim . . .	11	E. Br.

3.

ITINÉRAIRE N° 134.

D'AUMALE A BORDJ BOU ARRERIDJ, PROVINCE DE CONSTANTINE, **123** k.

	Kilom.		
D'Aumale à l'Oued Okris.*	35	A.	
Grand'halte à l'Oued Ghamra.	14	E.	B.
De l'Oued Okris à Ben Daoud..	25	E.	Br.
Grand'halte à l'Oued Guebila.	10	E.	Br.
De Ben Daoud à Mansourah..	31	E.	Br.
Grand'halte à l'Oued Anasser Soltan.	15	E.	
De Mansourah à Bordj Bou Arréridj.	32	A.	
Grand'halte à l'Oued Méris.	15	E.	B.

TABLE

DES ITINÉRAIRES DE LA PROVINCE D'ALGER

Alger. — Typographie BASTIDE.